BARREAU DE POITIERS

## SUR

# L'ÉVOLUTION DE LA CAPACITÉ CIVILE

# DE LA FEMME MARIÉE

## DISCOURS

PRONONCÉ

A LA SÉANCE SOLENNELLE DE RÉOUVERTURE DE LA CONFÉRENCE
DES AVOCATS STAGIAIRES

Le 18 janvier 1908

PAR

### Pierre VOLF

Avocat à la Cour d'Appel
Secrétaire de la Conférence

POITIERS

IMPRIMERIE BLAIS ET ROY

7, RUE VICTOR-HUGO, 7

1908 .

BARREAU DE POITIERS

SUR

# L'ÉVOLUTION DE LA CAPACITÉ CIVILE
# DE LA FEMME MARIÉE

## DISCOURS

PRONONCÉ

A LA SÉANCE SOLENNELLE DE RÉOUVERTURE DE LA CONFÉRENCE
DES AVOCATS STAGIAIRES

Le 18 janvier 1908

PAR

### Pierre VOLF

Avocat à la Cour d'Appel
Secrétaire de la Conférence

POITIERS

IMPRIMERIE BLAIS ET ROY

7, RUE VICTOR-HUGO, 7

1908

Le 18 janvier 1908, à deux heures de l'après-midi, l'Ordre des Avocats à la Cour d'Appel de Poitiers s'est réuni, en robe, dans la première Chambre de la Cour, pour assister à l'ouverture des conférences du stage.

L'Assemblée était présidée par M. Barbier, bâtonnier, entouré de MM. de la Ménardière, Druet, Dufour d'Astafort et Tornézy, anciens bâtonniers ; Faure, Delhumeau, de Leffe et Morand, membres du Conseil de l'Ordre; Pouliot, de la Grange, de Roux, Robichon, Dupont, de la Messelière, Chevreau, Quintard, Decharme, Brejon, Goulier, Bonnet et Vallet, avocats inscrits au tableau.

La barre était occupée par MM. les avocats stagiaires ; MM. Bréjon et Ledoux remplissaient les fonctions de secrétaires.

M. le Bâtonnier, après avoir ouvert la séance, a prononcé l'allocution suivante, contenant un éloge de deux confrères décédés dans l'année, dont le Conseil de l'Ordre a décidé l'insertion au procès-verbal.

Mes chers Confrères,

Au cours de l'année qu'hier a vu finir la mort a prélevé une dîme cruelle à la cîme et dans la plus jeune phalange de notre Tableau.

Et il sied qu'ici la première parole soit un fraternel souvenir donné à ceux qu'elle nous a pris.

Peut-être que la fonction universitaire de M⁰ Thézard, et surtout sa haute fortune politique, ont fini par estomper un peu aux yeux du grand nombre son rôle et son talent d'avocat. Même à ses imposantes funérailles la pompe officielle ne laissa qu'une très modeste place au Barreau.

Cependant, s'il n'a pu donner au Palais, non plus d'ailleurs qu'à l'enseignement, la plus grande part de ses dernières années, notre éminent confrère est resté indissolublement attaché à l'Ordre pendant quarante-six ans, depuis l'âge d'homme jusqu'au tombeau.

Entré dans la vie par cette rude école — *res angusta domi* — à laquelle se sont trempés tant de courages bientôt victorieux du succès, il s'était, à l'heure de la jeunesse, comme replié sur lui-même ; il s'était fait un refuge, tracé une vie, délimité un idéal, en s'absorbant dans une seule pensée : le travail.

A ceux qui lui demandèrent vers ses vingt ans ses projets d'avenir il dut donner quelque réponse semblable à celle que fit à cet âge notre grand et noble Dufaure : « *Je veux arriver par le peu de talent que j'aurai.* »

De précoces et retentissants succès au Lycée et à la Faculté de Droit lui avaient assuré d'avance une place d'élite partout où il chercherait sa voie, lorsqu'il entra dans nos rangs.

Elle convenait entre toutes, notre profession modeste, libre et fière, à cet homme d'études qui, jusqu'à ce que le Forum l'eût conquis sur le Prétoire et sur l'Ecole, n'accorda à d'autres qu'à la science juridique que le superflu de sa pensée, à ce légiste philosophe, à ce dialecticien tantôt rude et tantôt subtil, aimant la discussion non le bavardage, ardent parfois à défendre avec le bel et violent éclat d'une passion véritable l'opinion ou la cause à laquelle sa méditation silencieuse avait incliné son cœur ou rallié sa raison.

N'ayant cure, ni besoin de demander la notoriété aux affaires tapageuses, Me Thézard fut surtout à la barre le champion des causes civiles et des litiges d'ordre administratif, dont la préparation et la discussion veulent cette science consommée du Droit, ce sens très exact des mobiles et des calculs humains, cette sûreté d'analyse et cette clarté de langage, dont le rare ensemble fit sa haute valeur judiciaire.

Evoluant à l'aise au milieu des complexités juridiques, enrichissant volontiers la plaidoirie de quelque emprunt fait sans apprêt à sa large érudition littéraire et historique, il était, même dans ces causes où la lutte est plus vive et l'auditoire plus nerveux, moins enclin à exercer son esprit au détriment d'un adversaire qu'à laisser échapper sa conviction en accents parfois véhéments jusques au pathétique.

Avec lui les luttes furent sans haine et les rivalités sans amertume.

Et quand les charges publiques, quand les honneurs politiques vinrent le trouver au milieu de nous, ce fut surtout, de la part de ceux qui l'en investirent, un éclatant témoignage décerné au mérite et au juste renom de l'avocat.

Mais, d'un coup rapide et terrible la Mort, instrument du Maître souverain, a brisé cette vie, cette force, avant qu'elles n'eussent encore commencé leur déclin.

Nous aimons à dire avec un légitime orgueil qu'il n'est

pas de carrière où la naissance et la richesse comptent moins que dans la nôtre, où la droiture, le travail et le talent soient plus exclusivement les facteurs du succès. Le redire dans notre adieu à Mᵉ Thézard, n'est-ce pas le plus juste hommage à rendre à celui que son seul et inlassable labeur a porté au Palais comme dans la vie publique à un tel rang ?

Robert Lévrier n'a vécu au Palais que le temps d'y laisser entrevoir sa noblesse morale, d'y gagner des sympathies, d'y faire naître des espérances et d'y laisser des regrets.

Sous des dehors réservés, vêtements d'une modestie et d'une discrétion du meilleur aloi, il était d'une exquise sensibilité d'âme et d'une vivacité de sentiments pleine de tendresse.

A ne l'approcher que rarement, on ne l'aurait pas jugé sur tout son mérite, voilé par une simplicité parfaite et par une retenue proche de la timidité.

Mais l'exceptionnelle étendue de ses lectures, la richesse et le parfait classement du précoce savoir qu'il en avait recueilli, la précision et la justesse de ses jugements, ont frappé ceux qui furent ses maîtres, ses compagnons, ses camarades, et qui tous furent en même temps ses amis.

A la Conférence du Stage il se révéla esprit studieux et pondéré, diseur plein de naturel, de sens et de clarté.

Et quand l'heure de paraître quelquefois à la Barre de Justice eût sonné pour lui, ses premières plaidoiries — hélas! aussi les dernières — méritèrent ce suffrage enviable qu'on décerne, avec la cordialité d'un esprit satisfait et reposé à la fois, au discours et à l'argumentation qu'on a pu suivre sans être secoué par un éclat, mais aussi sans être ennuyé par une longueur, sans être ni heurté par une thèse de droit exagérée ou par une affirmation de fait excessive, ni blessé par une défaillance ou une incorrection de forme ; alors qu'en cherchant sa propre impression sur ce qu'on vient d'entendre on trouve que c'est ce qu'il y avait à dire et que cela a été bien dit.

Toujours prêt à rendre service, il ne calculait jamais sa peine, mais seulement le plaisir ou le bien qu'il pouvait procurer.

Champion infatigablement généreux des croyances religieuses dont il avait trouvé dans son berceau le précieux héritage, il se dépensait avec un extraordinaire dévouement au service de ses convictions, portant dans les conférences publiques les mêmes qualités qu'au prétoire.

Et lorsqu'un mal implacable, resté vainqueur de sa jeunesse, eut achevé de miner ses forces ; déjà expirant, il voulut — suprême élan de sa piété touchante et sereine, dernière et sublime confession de sa foi — être porté aux pieds de la Vierge de Lourdes pour y rendre à Dieu son âme de croyant.

Sa vie entière et sa mort furent l'accomplissement de l'admirable prière finale du troisième livre de l'Imitation que sans doute il murmura souvent : *Protege et conserva animam servuli tui inter tot discrimina vitæ corruptibilis, ac, comitante gratiâ tuâ, dirige (eam) per viam pacis ad patriam perpetuæ claritatis* (1).

Que ses parents, privés d'un tel fils, que ses amis le pleurent, mais sans pleurer sur lui !

---

(1) « Protégez, Seigneur, et conservez l'âme de votre pauvre servi-
« teur au milieu des dangers de cette vie corruptible, et conduisez-la,
« soutenue par votre grâce, par le chemin de la paix, jusqu'à la patrie
« de l'éternelle lumière. » (*Imit. de J.-C.*, liv. III, ch. LIX.)

Je déclare repris les travaux ordinaires du stage pour la présente année judiciaire.

Soyez convaincus, jeunes confrères, que votre assiduité à la conférence, et aussi aux audiences, doit vous être du plus grand profit.

Aucun ouvrier ne se forme sans apprentissage.

Dans un atelier tout nouveau venu s'applique particulièrement à deux choses :

A essayer d'ébaucher lui-même sous le regard des anciens quelque ouvrage rudimentaire, moins destiné à la clientèle qu'à exercer sa main novice et à provoquer les conseils des maîtres : — c'est la Conférence.;

A suivre, par ailleurs, d'un œil attentif les plus experts du métier dans leurs propres travaux, pour saisir les secrets de leur art et pour imiter leurs procédés les plus parfaits : — c'est l'Audience.

Si vous redoutez, si vous évitez, de vous faire entendre et apprécier à la Conférence, vous risquez fort de rester inaptes à la parole publique, de plus en plus nécessaire cependant à la majorité des hommes de votre rang.

Si l'Audience est pour vous sans intérêt, si vous ne vous sentez nullement curieux d'écouter et d'étudier les premiers du Barreau, vous n'avez ni goût, ni vocation, pour aucune des professions judiciaires.

C'est à ceux d'entre vous qui viendront le plus ici (1) que je prédis le plus d'avenir.

M. le Bâtonnier a alors donné la parole à M. Sur, qui a lu une étude sur *le Jury et le crime passionnel*,

(1) Les conférences du stage ont lieu dans la même salle que les principales audiences civiles de la Cour.

puis à M. VOLF, qui a donné lecture d'un travail sur *l'Evolution de la Capacité civile de la Femme mariée*.

M. le Bâtonnier a ensuite réglé les travaux de la Conférence et la séance a été levée à quatre heures.

*Le Secrétaire du Conseil de l'Ordre,*

M. MORAND.

# SUR L'ÉVOLUTION DE LA CAPACITÉ CIVILE
## DE LA FEMME MARIÉE

MONSIEUR LE BATONNIER,

MESSIEURS,

La condition des femmes à travers les pays et les âges nous apparaît « variable et changeante comme la femme elle-même (1) ». Sous l'influence des passions, qui trop souvent les inspirent, les peuples tour à tour l'asservissent ou l'élèvent, et tandis que les uns ont adoré en elle une divinité mystérieuse et cachée, d'autres l'ont méprisée comme « un être inférieur et vil », l'accablant de sa faiblesse que les premiers avaient voulu simplement protéger. Mais du jour où la famille est née, où l'homme, s'attachant à la terre, a voulu y perpétuer sa race et fonder son foyer, alors, l'épouse y prenant sa place nécessaire a, du même coup, perdu son indépendance et reconquis sa dignité.

Quel que soit son rôle dans l'Etat, la coutume de tous les temps va consacrer sa soumission dans la famille à l'homme qui l'a choisie et qui la protégera;

Quels que soient les progrès qu'elle ait réalisés dans

(1) Vainker, *Discours rentrée*, Cour Poitiers, 1889.

la société civile, se haussant peu à peu à l'égale de l'homme jusqu'à faire disparaître l'idée d'infériorité naturelle dont on l'avait longtemps amoindrie, et quelle que soit enfin sa condition dans la société conjugale elle-même, où elle est devenue la compagne après avoir été la chose qu'on achète ou qu'on rafle, dans tous les temps, la femme, en contractant mariage va se trouver soumise à la puissance maritale, au nom du principe reconnu par tous les peuples : qu'il faut à l'association conjugale comme à toute autre, pour qu'elle dure, une autorité unique, un chef capable d'en assurer la direction.

L'erreur du féminisme est d'avoir pu nier cette nécessité sous le prétexte vain de l'égalité des deux sexes, car il importe peu que la femme en tant qu'être soit l'égale de l'homme, que de par sa nature elle ait les mêmes droits : l'épouse n'existant pas pour elle-même, son égoïsme ne peut prévaloir contre les intérêts plus égoïstes encore de la famille et de la race. Ce pouvoir qu'ils exigent de l'un des deux époux sur l'autre, les lois l'ont toujours attribué au mari comme étant le plus capable de l'exercer ; à défaut d'autre il semble que l'instinct des peuples, persistant dans tous les âges, malgré la dissemblance des civilisations, soit une raison suffisante pour le lui conserver.

Mais si le principe de la suprématie maritale est demeuré immuable, les législations en ont fait les applications les plus diverses et les plus discutées. Notre Code y soumet l'épouse dans sa personne et dans ses biens.

Non seulement la femme dans le mariage perd son nom, sa patrie et son indépendance, mais encore, sous tous les régimes, elle est frappée d'une incapacité juridique qui lui interdit d'ester en justice, d'aliéner, d'acquérir, de donner et de recevoir même, sans être autorisée de son mari ou de justice (1).

C'est ce second aspect de la puissance maritale, cette incapacité qui atteint la femme mariée, que je me propose, Messieurs, d'examiner avec vous.

Les critiques les plus vives sont dirigées contre elle ; modifiée par des lois récentes (2), qui sont grosses de réformes prochaines, disparue de plusieurs pays déjà, d'excellents esprits en réclament aussi la suppression dans notre Code.

A ceux qui s'étonnent, dans nos lois, du contraste entre cette incapacité de la femme mariée et la capacité de la femme libre, l'histoire répond en montrant « que les législations où l'autorité maritale est le plus largement établie sont précisément celles où la femme jouit de la capacité la plus complète et des droits les plus étendus (3) ».

Les lois romaines n'y ont pas soumis l'épouse dans la gestion de ses biens, la séparation d'intérêts entre époux la rendait inutile, et l'incapacité qui atteint toujours la femme à raison de son sexe suffit à restreindre dans un intérêt familial et public une activité qui convient mal à son ignorance et à sa faiblesse.

---

(1) Code civil, articles 215, 217, 218, 219, 1124.
(2) Code civil. Loi du 6 février 1893, art. 311. Loi des 13, 15, 16 juillet 1907.
(3) Gide, *Condition privée de la femme.*

Inutile à Rome, l'assistance maritale est impossible chez les Germains, où la femme tombe corps et biens dans le patrimoine du mari qui l'achète.

Plus tard, malgré les biens que lui reconnaissent les coutumes, la femme reste incapable en fait parce qu'impuissante à porter les armes, et, dans un âge où le droit ne s'affirme que par la force, ne peut en exercer aucun. Fille, son père la remplace, et femme son mari. Sous un tel régime encore l'assistance maritale n'est pas possible, l'incapacité complète de l'épouse l'en affranchit.

Cette loi germaine, qui refusait toute capacité civile à quiconque ne pouvait manier l'épée, persista comme une nécessité des temps où sévissent les guerres privées et le duel judiciaire, jusqu'après la féodalité armée ; et la femme, fille, épouse ou veuve demeura sous un « mundium » perpétuel destiné à la protéger.

Cependant, aucune déconsidération ne l'atteint à raison de son infériorité toute physique ; et de même qu'autrefois les Barbares l'avaient entourée d'honneurs et de respect, admirant sa sagesse plus qu'humaine et recherchant ses conseils, de même le Moyen Age a vu les chevaliers et les troubadours exalter ses vertus.

Si bien que les guerres privées diminuant pour bientôt disparaître, le droit féodal qu'inspirent à son déclin les sentiments chevaleresques, supprimant sa tutelle, lui permettait de porter seul son fief, de rendre la justice et d'édicter des lois, et que le droit coutumier lui accordait la capacité civile en effaçant dans le duel judiciaire la cause qui l'avait jusqu'alors empêchée d'en jouir. En même temps à côté de la communauté, il instituait l'autorité maritale.

Aucune tutelle n'atteint plus la femme. Capable de par son sexe, son incapacité ou plutôt sa subordination ne commence qu'avec le mariage et finit avec lui. Elle a sa cause non plus dans des circonstances passagères, le trouble des temps et la nécessité de la protéger, mais dans « un besoin impérieux et persistant (1) », celui de la bonne administration du ménage où, tout étant commun, il ne saurait y avoir deux volontés indépendantes l'une de l'autre.

Admise à collaborer avec son mari, chef de la communauté et administrateur de tous ses biens, la femme n'est pas soumise dans ses actes à son assistance parce qu'elle est incapable d'intelligence et de raison, mais parce que, dans l'intérêt commun, elle ne doit agir ni malgré lui, ni sans lui.

Et c'est pourquoi lui seul pourra se prévaloir du défaut d'autorisation et faire tomber l'acte qui méconnaît son autorité ; c'est pourquoi encore impuissant à manifester sa volonté parce qu'absent, fou, exilé ou captif, l'épouse, recouvrant toute son indépendance, agira seule valablement.

L'influence du droit romain renaissant vint aggraver cette incapacité (il était alors fort en vogue, je dirais presque trop, s'il l'était encore assez aujourd'hui) et les légistes, tâchant d'y accommoder le pouvoir mari-

(1) Gide, *loc. cit.*

tal malgré l'évidence de son origine féodale et coutumière, en firent une tutelle à la romaine.

La femme fut incapable dans le mariage, non plus
parce qu'elle était épouse, mais parce qu'elle était
femme.

En vain le Christianisme avait proclamé l'égalité
des sexes, en vain dans l'histoire des peuples les femmes avaient attaché leur nom à tous les événements
qui les avaient grandis, et les légendes conservaient
pieusement leur souvenir glorieux comme la marque
éclatante de leur héroïsme ou de leur génie ; et vaines
aussi les coutumes germaines, vaine la chevalerie,
vains les actes d'éclat ou les chefs-d'œuvre qu'elles
avaient inspirés, puisqu'il avait suffi d'un vieux texte
romain pour faire revivre l'idée d'infériorité naturelle,
l'« imbecillitas sexus », dont le monde antique les avait
accablées.

Les légistes à nouveau en l'exagérant la consacrèrent.
Méconnaissant l'influence heureuse que la femme avait
eue sur les mœurs et les lois, ils l'accusent d'être « une
bête haineuse et nourrissante de mauvaiseté, avare,
jongleresse et caute et malicieuse (1) »; ensemble ils lui
reprochent « sa prodigalité et son avarice, sa dissi-
mulation et son impuissance à garder un secret, et sa
perfide adresse à tromper les autres (2) ».

Les canonistes affirment « qu'il est étrange et in-
convenant de voir des femmelettes, abjurant la pudeur
de leur sexe et bravant les lois divines et humaines,

(1) Songe de Verger.
(2) Gide, *loc. cit.*

paraître le front haut dans les assemblées publiques et s'ingérer dans les affaires de l'Etat (1) ».

D'Argentré enfin, commentant la coutume de Bretagne, déclare « qu'il y a dans cet animal, c'est de la femme qu'il s'agit, des mouvements effrénés, une colère aveugle, une impétuosité qui bouillonne, une grande pauvreté de bon sens, un orgueil indomptable (2) ».

On sourirait, Messieurs, de tant d'exagérations, si elles n'avaient profondément pénétré notre jurisprudence d'alors, et si le régime qu'elles ont provoqué n'était parvenu jusqu'à nous. L'autorité maritale changea de caractère, elle devint une tutelle, l'épouse une incapable qu'il fallait protéger au même titre que l'enfant, tandis que, par une ironie qui dure encore, elle restait pleinement capable fille ou veuve, livrée à sa prétendue faiblesse et à sa légèreté.

Les femmes, cependant, semblent être restées longtemps indifférentes à ce mépris, comme s'il leur avait suffi, en face des lois qui prétendaient restreindre leur activité maladroite, et les retenir au foyer domestique, d'affirmer leur toute puissance, par une influence constante encore qu'elle fût secrète, et qui s'étendait à tout.

La Révolution, la première, formula les revendications féminines ; les femmes avaient aidé à son succès : séduites par cette douce philosophie qui rêvait le bonheur du genre humain en l'émancipant ; et parce qu'elles

---

(1) Canon 49. — *Synod. Mommiens.*
(2) Dargentré, *Ancienne coutume de Bretagne.*

avaient toujours aimé les grandes choses, dans leur
ardeur de justice et de pitié, elles communiquèrent aux
hommes leur foi, dans « la vertu de l'avenir (1) » dont
elles précipitaient le cours.

Puis, naturellement, au nom de cette égalité qu'elle
leur avait promise, elles voulurent qu'à côté des droits
de l'homme la Révolution consacrât ceux de la femme.
Elles s'assemblent, signent des pétitions, prononcent
des discours, et c'est un des spectacles les plus étran-
ges de ces temps que l'enthousiasme qui les transporte,
les moins dignes, les moins irréprochables luttant au
nom d'un principe, pour vivre leur rêve magnifique,
au mépris même de la vie. Car déjà cet enthousiasme
a provoqué des excès, leur inexpérience des maladres-
ses, déjà l'Assemblée leur oppose les vieilles traditions, les mœurs qu'on ne pouvait bouleverser en un
jour, et leur faiblesse que la nature même leur avait
imposée... leur sensibilité enfin qui les a rendues sus-
pectes. Les plus révolutionnaires de 89 se sont prises
de pitié pour le roi en 93. Olympe de Gouge, qui les
mène, a payé de sa vie la témérité de le vouloir défendre, montant à l'échafaud sans avoir pu monter à la
tribune, et après la manifestation folle des femmes
sans-culottes, culottées de rouge, au marché des Inno-
cents, on decrète que les revendications féministes
seront écartées révolutionnairement, que ceux qui les
soutiennent auront la tête tranchée.

Tant d'extravagances, malgré la minorité des femmes

(1) Morizot-Thibault, *De l'autorité maritale.*

qui les osèrent, rendirent inutiles les actes de dévouement et d'héroïsme des autres — elles découragèrent
leurs partisans eux-mêmes en prouvant qu'elles ne
sauraient pas jouir d'une liberté trop tôt acquise — et
la Convention repoussa le projet de Cambacérès, qui
proclamait l'égalité complète des époux.

Ce projet, supprimant tout le droit existant, le rem-
plaçait par des « principes de justice idéale (1) ».

Dans la communauté qui demeure le régime légal,
les époux auront les mêmes droits, l'administrant
ensemble et devant consentir tous les deux les actes de
disposition. Le mari n'aura plus de pouvoirs comme
chef, la femme de privilèges, aucun ne sera libre, mais
tous les deux seront égaux (2).

Le système peut séduire ceux qui rêvent de ménages
où règnent une confiance réciproque et une affection
toujours égale, et tels qu'on en a peu connus.

Cambacérès comprit lui-même qu'en pratique il était
impossible ; « que l'administration commune y serait
perpétuellement entravée, et que la diversité d'opi-
nions sur les plus petits détails entraînerait bientôt sa
dissolution ».

Les rédacteurs du Code ne cherchèrent plus à consacrer l'égalité des sexes, ils ne la discutèrent même
pas. Vaine querelle, avait dit Portalis, ce ne sont
pas les lois mais la nature même qui fait le lot de cha-
cun : la femme a besoin de protection parce qu'elle

(1) Attalion, *la Femme mariée*.
(2) Cambacérès, *Fenet*, I, p. 8.

est plus faible, l'homme est libre parce qu'il est plus fort (1).

Du reste, le premier Consul imposa sa volonté : que les lois subordonnent l'épouse au mari, afin qu'elle sût bien qu'en sortant de la tutelle de sa famille elle passait sous la sienne.

Les jurisconsultes, enfin, attachés aux institutions auxquelles ils avaient été habitués, ne demandaient qu'à les reproduire et à restreindre chez les femmes une liberté dont elles n'avaient su qu'abuser.

Le Code étendit à toute la France le principe de l'autorité maritale ; après avoir accordé à la femme les droits civils de l'homme, il frappa l'épouse d'incapacité.

Il aurait pu, pour la justifier, choisir entre les deux idées coutumière ou romaine, la nécessité d'obéir au mari dans l'intérêt du ménage, ou celle de protéger la femme ; il préféra les réunir, confondant dans le même principe sa dépendance et son infirmité.

C'est pour la garantir contre sa faiblesse que son incapacité fut proclamée d'ordre public, qu'il lui fut interdit de déroger aux règles de l'autorité maritale qui devait demeurer invariable dans la diversité des régimes matrimoniaux. La volonté commune des époux ne put rien contre elle.

Vainement Cambacérès avait protesté au nom de la liberté, et Portalis par l'exemple des anciennes coutumes.

(1) *Fenet*, I, 9, p. 177.

Même sous le régime de séparation, alors que, ses intérêts pécuniaires distincts de ceux du mari, l'unité de direction n'est plus possible et ne légitime plus son assistance, l'épouse ne pourra pas seule étendre ou diminuer son patrimoine. Si la loi lui permet l'administration de ses biens parce qu'elle ne comporte que des actes sans danger, elle lui défend de consentir seule les acquisitions que son inexpérience peut rendre maladroites, les libéralités qu'exagérerait son caprice ou de poursuivre des procès que perdrait son entêtement.

Si le mari peut demander la nullité des actes faits sans lui parce qu'ils méconnaissent son autorité, c'est parce que l'incapacité de l'épouse doit la garder contre son imprudence qu'elle la pourra solliciter aussi, et que la mort du mari ou sa ratification postérieure ne sauraient le lui interdire.

Enfin c'est encore pour éviter les surprises auxquelles sa faiblesse d'esprit l'expose qu'une autorisation générale ne suffit pas à l'habiliter ; la loi veut qu'une volonté plus sage la guide et la conseille dans tous ses actes, et que la justice remplace le mari s'il en est empêché.

Ainsi établie, l'autorité maritale gagna bientôt les législations voisines. L'Italie, l'Espagne, la Hollande, les pays allemands l'accueillirent comme un progrès, elle y remplaça la tutelle perpétuelle des femmes.

En France déjà, elle était une réaction sur nos anciennes coutumes et ne tenait assez compte ni de l'indépendance dont la femme avait joui, ni de l'expérience qu'elle avait acquise.

Cependant, tandis qu'autour de lui les législateurs étrangers se préoccupaient d'améliorer la condition civile de l'épouse et de réaliser dans les lois les progrès qu'elle avait accomplis dans les mœurs, notre législateur est resté longtemps inactif, devancé par ceux qu'il avait autrefois guidés.

C'est qu'à leur différence il s'attache moins à perfectionner nos droits civils qu'à discuter nos institutions politiques alors que celles-ci devraient seulement nous garantir la liberté des premiers et nous permettre de les exercer.

Or si les réformes doivent être prudentes, puisqu'il n'appartient pas à la sagesse d'un jour de bouleverser l'œuvre des siècles et de rompre avec nos traditions nationales, il importe que les lois accompagnent les transformations nécessaires dans la vie d'un peuple qui progresse et les consacrent.

La condition de la femme est soumise à ce progrès.

Plus instruite parce qu'il lui faut être mieux armée contre les exigences de la vie nouvelle, consciente de ses droits parce qu'appliquée à ses devoirs, la femme réclame le libre épanouissement de sa personnalité dans les limites que la nature lui permet. Or, celle-ci ne l'a pas frappée d'une incapacité naturelle. Ce ne sont plus seulement les systèmes des philosophes qui démontrent les aptitudes égales des deux sexes, c'est la vie elle-même.

Poussées par la force des choses à partager les tra-

vaux et les responsabilités des hommes, partout les
femmes rivalisent avec eux dans la lutte pour la vie, et
parfois les dépassent. L'Etat leur ouvre ses adminis-
trations, l'industrie ses fabriques ; à côté d'eux les lois
ont dû leur permettre l'accès des carrières libérales,
des arts, des écoles, et partout elles ont pu leur sem-
bler différentes, mais non pas inférieures.

Le principe de l'autorité maritale ne saurait donc
plus reposer sur la nécessité de protéger l'épouse contre elle-même, la famille contre ses imprudences, ou
de la subordonner au mari ; les rédacteurs de 1804
l'ont pu vouloir un instant pour réagir contre les extravagances et les désordres des femmes aux mauvais
jours de la Révolution, de même que dans une période
de luxe et de licences les lois somptuaires avaient
voulu combattre, chez les femmes romaines, l'usage
qu'elles faisaient de leur indépendance ; mais ils se
sont contredits eux-mêmes. puisqu'en accordant à la
fille les droits civils de l'homme, c'était lui reconnaître
l'aptitude à les exercer et que, capable la veille du mariage, elle ne pouvait devenir incapable le lendemain.

Nos temps et nos mœurs ne connaissent plus de ces
exigences. La femme a fait sans péril pour elle-même
l'apprentissage de la liberté, et c'est dans l'intérêt de
l'association conjugale seule qu'il faut aujourd'hui
chercher la nécessité du pouvoir marital et limiter ses
conséquences.

La femme, égale à l'homme qu'elle épouse, doit le
rester dans le mariage ; mais comme il faut un chef à
la société que les deux époux forment et qu'ils ne peu-

vent eux-mêmes le choisir sans danger, la loi, édictant une présomption générale, a désigné dans le mari celui que la nature lui présentait comme le plus fort et le plus raisonnable, et que la tradition avait toujours consacré.

Elle lui a confié la part d'autorité sans laquelle les familles pas plus que les Etats ne pourraient subsister, afin que, déjà chargé de maintenir l'union et la paix dans le ménage, il veille encore à ses intérêts pécuniaires et assure l'unité de leur direction.

S'inspirant de cette idée, les législations étrangères semblent avoir heureusement concilié l'intérêt du ménage et la capacité de l'épouse.

Le principe de l'assistance maritale a cessé d'y être irrévocable et d'ordre public, il varie sélon les régimes, légitime quand les intérêts des époux sont communs, il disparaît quand la justice ou la convention les séparent. Mariée sous le régime de séparation, l'épouse conserve son indépendance, sous tous les autres elle la recouvre si son mari est incapable ou indigne de l'assister — en cas d'abandon, d'absence, d'adultère ou de faillite — et jamais elle ne peut se prévaloir contre les tiers de son incapacité.

Il est permis d'espérer que nos lois à leur tour consacreront ces solutions, qui furent celles de nos premières coutumes ; déjà la loi du 6 février 1893 a rendu à la femme séparée de corps, avec la liberté, l'exercice de ses droits civils ; plus près de nous encore, celle du 13 juillet dernier lui accorde sur les produits de son travail personnel une capacité à peine limitée par l'interdiction d'en disposer à titre gratuit.

Il nous convient, Messieurs, d'aller plus loin encore.

Dans cette évolution de notre humanité en marche vers un âge inconnu qu'on nous promet et qu'on veut croire meilleur, la civilisation des peuples se mesure à la justice qu'ils ont su rendre aux femmes.

Poitiers, le 18 janvier 1908.

Poitiers. — Imp. BLAIS & ROY, 7, rue Victor-Hugo.

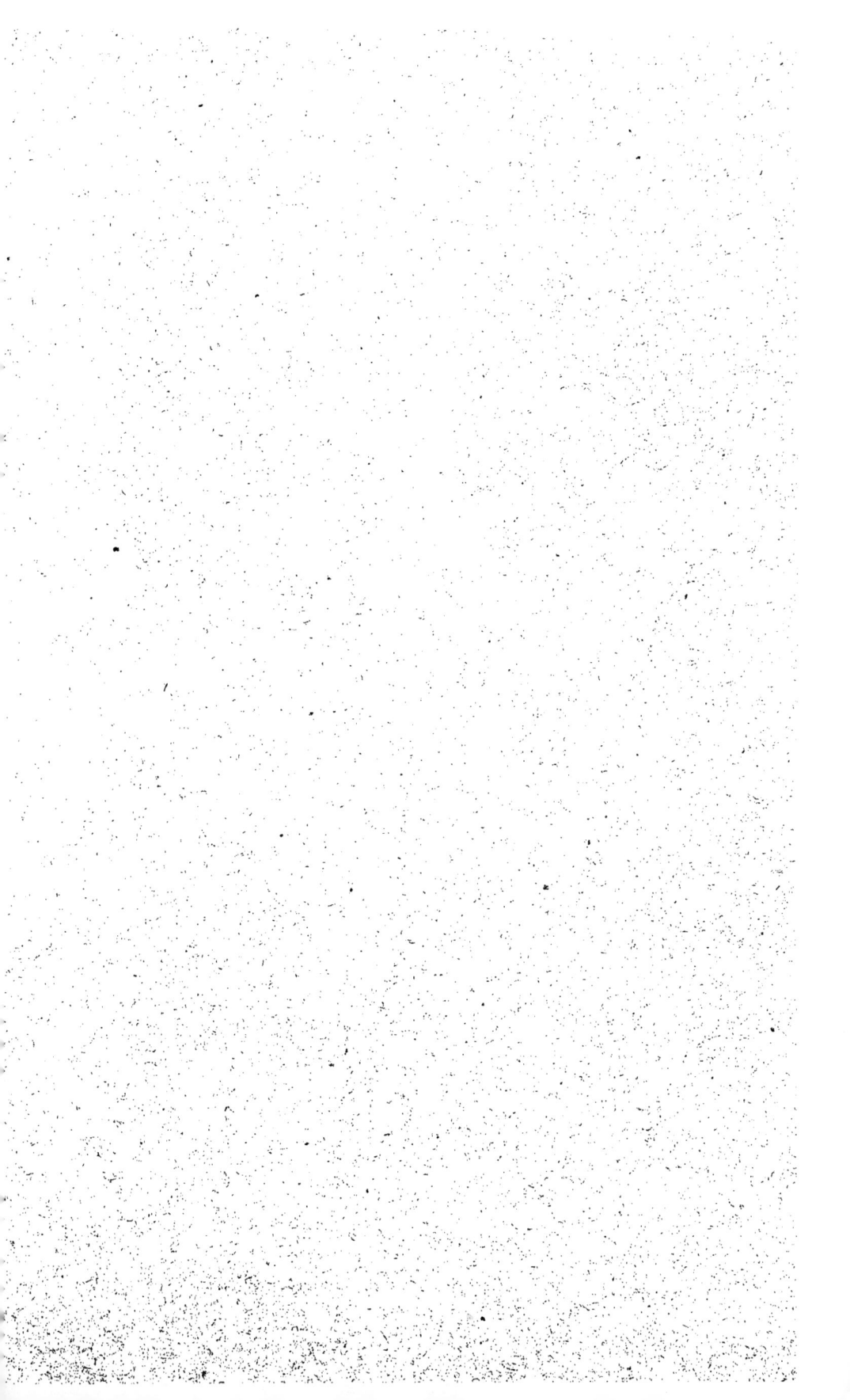

www.ingramcontent.com/pod-product-compliance
Lightning Source LLC
Chambersburg PA
CBHW060512200326
41520CB00017B/5013